BEI GRIN MACHT SICH IHR
WISSEN BEZAHLT

AF135917

- Wir veröffentlichen Ihre Hausarbeit,
  Bachelor- und Masterarbeit

- Ihr eigenes eBook und Buch -
  weltweit in allen wichtigen Shops

- Verdienen Sie an jedem Verkauf

Jetzt bei www.GRIN.com hochladen
und kostenlos publizieren

GRIN ☺

Grundlagen des wissenschaftlichen Arbeitens. Qualitative Analyse anhand von Interviews

Bibliografische Information der Deutschen Nationalbibliothek:

Die Deutsche Nationalbibliothek verzeichnet diese Publikation in der Deutschen Nationalbibliografie; detaillierte bibliografische Daten sind im Internet über http://dnb.d-nb.de abrufbar.

ISBN: 9783346372154
Dieses Buch ist auch als E-Book erhältlich.

Druck und Bindung: Books on Demand GmbH, Norderstedt Germany
Gedruckt auf säurefreiem Papier aus verantwortungsvollen Quellen

Das vorliegende Werk wurde sorgfältig erarbeitet. Dennoch übernehmen Autoren und Verlag für die Richtigkeit von Angaben, Hinweisen, Links und Ratschlägen sowie eventuelle Druckfehler keine Haftung.

Das Buch bei GRIN: https://www.grin.com/document/998947

Einsendeaufgabe

Wissenschaftliches Arbeiten – Vertiefung: Alternative A

Abgegeben am: 22.12.2019

SRH Fernhochschule

Modul: Wissenschaftliches Arbeiten – Vertiefung 1

Studiengang: Wirtschaftspsychologie (B.Sc.)

Inhaltsverzeichnis

Abkürzungsverzeichnis

d.h.   das heißt

etc.   et cetera

evtl.   eventuell

ggf.   gegebenenfalls

S.   Seite

usw.   und so weiter

z. B.   zum Beispiel

Abbildungsverzeichnis

Vermerk

In dieser Arbeit wird aus Gründen der besseren Lesbarkeit das generische Maskulinum verwendet. Weibliche und anderweitige Geschlechteridentitäten werden dabei ausdrücklich mitgemeint, soweit es für die Aussage erforderlich ist.

1   A1 - Qualitativer Interviewleitfaden

Dieser Aufgabenteil der Einsendeaufgabe umfasst die Operationalisierung des Konstruktes Unternehmensreputation und die Konzeption eines vollständigen qualitativen
Interviewleitfadens. Mithilfe dieses Interviewleitfadens soll eine Befragung der drei
wichtigsten Stakeholder der H. P. S. GmbH zum Thema der Unternehmensreputation
durchgeführt werden.

1.1   Das Konstrukt „Unternehmensreputation" - Definitionsannäherung

Der Begriff Unternehmensreputation wurde aus den verschiedenen Perspektiven der
unterschiedlichen Disziplinen definiert. Deshalb existiert keine einheitliche, eindeutige
und allgemein akzeptierte Definition des Konstruktes (Eberl, 2006, S. 9; Gotsi & Wilson, 2001, S. 24). Grundlegend kann unter der Unternehmensreputation ein theoreti-
sches Konstrukt verstanden werden, welches nicht beobachtbar ist, was wiederum
eine direkte Messung erschwert. Unternehmensreputation besteht aus den individuellen Erfahrungen, Wahrnehmungen und Anforderungen von Stakeholdern und formt deren Erwartungshaltungen in Bezug auf das Verhalten des Unternehmens. Daraus
ergibt sich der starke Einfluss des soziokulturellen Umfeldes auf die Unternehmensreputation (Walter, 2010, S. 67).

Die vorliegende Arbeit lehnt sich an die Definition von Schwaiger an: „[...] we concep-
tualize reputation as an attitudinal construct, where attitude denotes subjective, emoti-
onal, and cognitive based mindsets" (2004, S. 49). Schwaiger Postuliert, dass Reputation zweidimensional operationalisiert ist und somit aus kognitiven und affektiven
Komponenten besteht. Dadurch werden nach seiner Auffassung nicht nur objektive
sondern auch subjektive Kenntnisse bezüglich eins Unternehmens in ein Urteil mit ein-
bezogen (Schwaiger, 2004, S. 47).

Unternehmensreputation beeinflusst tiefgreifend die Positionierung eines Unternehmens im Markt und zählt zu den strategischen Erfolgsfaktoren. Durch den steigenden
internationalen Wettbewerb wird verstärkt im Bereich der immateriellen Werte danach

geforscht wie Unternehmensreputation den Unternehmenserfolg beeinflussen kann und wie die positiven Wirkungen für das Unternehmen genutzt werden können (Schwaiger, 2006).

1.2 Operationalisierung des Konstruktes

Zur Erarbeitung und Konstruktion eines Interviewleitfaden ist die Operationalisierung des Konstruktes „Unternehmensreputation" nötig. Hierzu wird das von Manfred Schwaiger entwickelte Modell zur Messung der Unternehmensreputation angewendet. Dieses Modell unterscheidet folgende vier Reputationstreiber, die sich auf die Reputation eines Unternehmens auswirken: Attraktivität, Verantwortung, Qualität und Performance (Schwaiger, 2004, S. 46 - 71).

1.3 Reputationsdimensionen

Dimension der Verantwortung

Die Dimension Verantwortung umfasst fünf Indikatoren, mit denen die Dimension überprüft werden kann. Diese setzten Verantwortung in Bezug zum Wettbewerb, zur Gesellschaft und zur Umwelt. Zusätzlich wird das Kommunikationsverhalten des Unternehmens nach seiner Aufrichtigkeit bewertet und ob das Unternehmen ausschließlich auf Profit ausgerichtet ist (Schwaiger, 2004, S. 46 – 71).

Dimension der Attraktivität

Die Dimension der Attraktivität beinhaltet den Grad der Qualifikation der Mitarbeiter und das Erscheinungsbild des Unternehmens. Des Weiteren beinhaltet diese Dimension wie attraktiv das Unternehmen als Arbeitgeber für (mögliche) Bewerber ist. Unter dem Erscheinungsbild eines Unternehmens wird der Zustand und die Ausstrahlung des Firmengebäudes im äußeren und inneren verstanden. Dies kann ggf. attraktiv oder unattraktiv für Bewerber, Mitarbeiter und Kunden sein. Auch die Ausbildung und permanente Schulung der Mitarbeiter um einen gewissen Wissenstand zu erzielen und aufrechtzuerhalten um attraktiv für Bewerbern und Kunden zu bleiben, beeinflusst die Reputation eins Unternehmens und wird unter Qualifikation der Mitarbeiter in dieser Dimension zusammengefasst (Schwaiger, 2004, S. 46 – 71).

Dimension der Qualität

Die Qualität eines Produktes oder einer Dienstleistung trägt entscheidend zur Unternehmensreputation bei und sollte einen entsprechend hohen Stellenwert einnehmen. Dies beinhaltet außerdem das Preis- / Leistungsverhältnis und ein gutes Serviceangebot. Ferner spielt die Fokussierung auf den Kundenwunsch und ob das Unternehmen als verlässlicher Partner wahrgenommen wird eine entscheidende Rolle. Die Vertrauenswürdigkeit des Unternehmens und Innovationskraft sind weitere wichtige Indikatoren dieser Dimension (Schwaiger, 2004, S. 46 – 71).

Dimension der Performance

Die Indikatoren um die Dimension Performance zu messen sind die wirtschaftliche stabile Lage, das Wachstumspotenzial, klare Zukunftsvorstellungen und überschaubare wirtschaftliche Risiken. Zusätzlich wird die Führungsqualität mit in die Betrachtung der Dimension mit aufgenommen. Performance im Management beschreibt im westlichen das Maß für die Erfüllung einer vorgegebenen Leistung (Hohberger & Damlachi, 2017, S. 11; Schwaiger, 2004, S. 46 – 71).

1.4   Konzeption eines qualitativen Interviewleitfadens

1.4.1 Qualitative Forschung

Die qualitative Forschung beschreibt eine wissenschaftliche Methode nicht standardisierte Daten zu erheben und auszuwerten. Es geht darum tiefere Einblicke in Entscheidungskriterien, Sichtweisen und Motivationsstrukturen individuellen Handelns zu gewinnen. Diese ist durch ein offenes Vorgehen geprägt und bedient sich zumeist kleinerer Stichproben bis hin zur Einzelfallanalyse. Die erhaltenen Resultate werden kontextbezogen interpretiert und bilden Informationen ab, die sich nicht direkt messen lassen, sondern beschreiben eher die Hintergründe einer Thematik (Häder, 2015, S. 12; Misoch, 2015, S. 2, 3).

Zu den Methoden gehören Gruppendiskussionen, die teilnehmende Beobachtung und die qualitative Inhaltsanalyse. Interviews zählen ebenfalls zu einen der möglichen Forschungsmethoden und werden nach ihrem Standardisierungsgrad unterschieden, wobei das standardisierte Interview zu den quantitativen Methoden gezählt wird. Die qualitative Forschung umfasst das halbstandardisierte und das freie Interview (Misoch, 2015, S. 13, 14). Ziel ist es neue Forschungsgebiete und Themen zu erschließen und durch die Methoden ein Gesamtbild zu erhalten, welches in den historischen und sozialen Kontext eingeordnet werden kann (Hussy et al., 2013, S. 10). Bei einem Interview findet eine Kommunikation zwischen Forscher (Interviewer) und dem Befragten (Interviewten) statt, was eine asymmetrische Art der Kommunikation darstellt, da beide Interviewpartner einen deutlich unterschiedlichen Gesprächsanteil aufweisen (Misoch, 2015, S. 13).

1.4.2 Interviewarten bei qualitativer Forschung

Bei nicht standardisierten Interviews wird kein Fragenkatalog eingesetzt, dadurch kann das Gespräch und die Situation frei gestaltet werden. Dies bedeutet das weder Fragen noch Antwortmöglichkeiten noch die Reihenfolge von Themen vorgegeben werden. Zu den Formen des nicht standardisierten Interviews zählen unter anderem Expertenbefragungen und das narrative Interview. Dies ist durch ein Minimum an Standardisierung und ein Maximum an Handlungsspielraum geprägt und kann während der Explorationsphase eingesetzt werden um einen Überblick über den Untersuchungsgegenstand zu gewinnen (Kromrey, Roose & Strübing, 2016, S. 365, 366; Misoch, 2015, S. 14; Lehmann, 2004, S. 7).

Halbstandardisierte Interviews, auch Leitfadeninterviews genannt, werden mit Hilfe eines Interviewleitfadens durchgeführt. Dieser Leitfaden beinhaltet offene vorformulierte Primär- und Sekundärfragen. Diese Fragen werden nicht wörtlich wiedergegeben, können bei Bedarf in der Reihenfolge angepasst werden und der Interviewer kann ggf.

die sekundären Zusatzfragen stellen und bei Unklarheiten nachfragen. Diese grobe Struktur sichert Mindestanforderungen und verhindert das Abschweifen des Themas (Bortz & Döring, 2016, S. 358, 359).

1.4.3 Vorgehen

Um die Unternehmensreputation der H. P. S. GmbH zu messen, wird das halbstandardisierte Interviewverfahren angewandt. Dies soll sicherstellen das alle relevanten Reputationsdimensionen erfragt und untersucht werden.

Dieser Forschungsprozess kann in fünf Phasen gegliedert werden:

1. Formulierung und Präzisierung des Forschungsproblems

2. Planung und Vorbereitung der Erhebung

3. Datenerhebung (Durchführung der Interviews)

4. Datenaufbereitung

5. Datenauswertung und Berichterstattung (Baur & Blasius, 2014, S. 602)

Eine strukturierte Vorbereitung beinhaltet sowohl die vorherige Bearbeitung des Themas mit Hilfe von Fachliteratur um die Breite und Tiefe des Themas abzustecken. Die Genauigkeit der Definition des Themas und die Operationalisierung der Dimensionen bestimmt wesentlich die Qualität des Interviews, der Auswertung und der Interpretation. Auf Grundlage von theoretischer Vorüberlegung wird ein Konzept entwickelt welches als Grundlage für den Interviewleitfaden dient (Mayer, 2013, S. 43).

Bei qualitativen Interviews ist der Interviewleitfaden das zentrale Steuerungs- und Strukturierungselement zur Erhebung der qualitativen Daten. Dabei liefert der Leitfaden den thematischen Rahmen und Fokussierung, listet alle relevanten Themenkomplexe und strukturiert den gesamten Kommunikationsprozess. Dies ermöglicht die Vergleichbarkeit der erhobenen Daten. Das Interview besteht aus drei Teilen oder Phasen, der Eröffnung, dem Hauptteil und der Endphase. Die Dimensionen aus der Operationalisierung des Konstruktes „Unternehmensreputation" nach Schwaiger bilden die

Grundlage für den Hauptteil und dessen Clusterung (Hussy et al., 2013, S. 228; Schwaiger, 2004, S. 46 - 71).

Grundvoraussetzung jeglicher Form von Interviews ist die Kooperationsbereitschaft der Befragten und die das Vorhandensein einer gemeinsamen Sprache und sprachlichen Ebene. Was bedeutet das der Befragte fähig sein muss sich zu artikulieren und auch dazu bereit sein muss dies zu tun (Berger-Grabner, 2016, S. 133).

1.4.4 Die Fragestellung

Beim halbstandardisierten Interview wird dem Interviewer ein Fragenkatalog mit konkreten Fragen vorgelegt. Dieser Leitfaden dient als Grundgerüst und Orientierungshilfe um sicherzustellen das keine wesentlichen Aspekte der Forschungsfragen vergessen werden. Die Reihenfolge der Fragestellung ist nicht zwingend einzuhalten und kann der Situation angepasst werden um zum Beispiel Stagnation im Interview zu vermeiden. Dieses Vorgehen ist zumeist induktiv und die Repräsentativität wird nicht im statistischen, sondern im inhaltlichen Sinne realisiert. Im Leitfaden werden nur Fragen und keine Antwortmöglichkeiten vorgelegt. Dies hat den Vorteil, dass der Befragte auf Ausführlichkeit und Inhalt Einfluss nehmen kann und eine möglichst persönliche Antwort erzielt wird (Berger-Grabner, 2016, S. 141, 142, Bortz & Döring, 2016, S. 358, 359).

Bei Fragen kann zwischen offenen, halboffenen und geschlossenen Fragen unterschieden werden.

1. Offene Fragen: Die Antwort kann vollständig frei gegeben werden und es werden keine Antwortmöglichkeiten vorgegeben. Ein Nachteil dieser Frageform ist die nicht immer gleich vorhandene Fähigkeit die persönlichen Meinungen und Sichtweisen in Worte zu fassen.

2. Bei geschlossenen Fragen muss der Befragte aus den vorgegebenen Antwortmöglichkeiten auswählen. Nichtzutreffende Antworten werden selektiv ausgeschlossen. Ein Vorteil dieser Frageform liegt in der einfachen Auswertbarkeit der Daten.

3. Halboffene Fragen verbindet offenen und geschlossenen Fragen. Diese Fragenart wird angewendet, wenn der Rahmen der Antworten abgeschätzt werden aber nicht endgültig bestimmt werden kann (Schnell, Hill & Esser, 2014, S. 324 – 333).

Ein qualitativer Interviewleitfaden arbeitet überwiegend mit offenen Fragen und vermeidet geschlossene Fragestellungen. Dies Bedeutet das Fragen zumeist mit „Wie, Wann, Woran" beginnen. Durch die Nutzung von offenen Fragen haben die Befragten mehr Einfluss auf den Inhalt, die Form und Ausführlichkeit ihrer Antwort (Schnell, Hill & Esser, 2014, S. 324 - 333).

Regel für die Formulierung von Fragen bei einem qualitativen Interview:

- Die Fragen sollten einfach und direkt formuliert werden, Abkürzungen, Superlative, doppelte Verneinungen, Fremdwörter, Fachbegriffe etc. sollten vermieden werden
- Pro Frage sollte immer nur ein Sachverhalt abgefragt werden
- Die verwendete Sprache sollte der Sprache der Zielgruppe entsprechen
- Die Fragen sollten offen formuliert sein und zum Beschreiben, Erklären und Erzählen auffordern
- Geschlossene Fragen sollte nur als Filterführung verwendet werden
- Suggestivfragen, die eine Antwortrichtung vorgeben, sollten gänzlich vermieden werden (Berger-Grabner, 2016, S.194; Kallus, 2016, S. 132, 133; Hussy et al., 2013, S. 229)

Im dargestellten Leitfaden werden offene Fragen gestellt, um die freie Meinungsäußerung des Interviewten zu fördern und um eine Beeinflussung durch Antwortmöglichkeiten zu verhindern. Pro Stunde sollten ca. 8 – 15 Fragen behandelt werden, abhängig davon wie komplex die Fragen sind und wieviel Zeit die Beantwortung in Anspruch nehmen wird (Gläser & Laudel, 2010, S. 144).

Der dargestellte Leitfaden im Anhang beinhaltet Primär- und Sekundarfragen. Die Primärfragen werden wörtlich wiedergegeben. Die Sekundärfragen sind im dargestellten Leitfaden kursiv unter den Primärfragen eingefügt. Diese können eingesetzt werden um Themen detaillierter anzusprechen und um den Interviewten ggf. dazu zu ermutigen seine Ausführungen zu erweitern um mehr Informationen zu erhalten (Wild, 2016, S. 60).

1.4.5 Durchführung der Interviews

Vor den eigentlichen Interviews werden Pretests durchgeführt. Diese sollen die Funktionalität, Vollständigkeit, Verständlichkeit und Schwierigkeit der Fragen testen um ggf. Anpassungen und Veränderungen am Leitfaden vornehmen zu können. Datenerhebungen durch Leitfadeninterviews werden im Einzelgespräch oder in einer Gruppensituation vorgenommen und findet verbal statt. Beim dargestellten Leitfaden sollen Einzelinterviews durchgeführt werden. Die Fragen werden persönlich durch den Interviewer gestellt. Somit können Fragen, Unklarheiten oder Missverständnisse direkt geklärt werden (Krüger et al., 2014, S. 130; Lamnek, 1989, S. 37).

Die Raumauswahl zur Durchführung der Interviews sollte sowohl eine gute Tonaufzeichnung garantieren als auch die Ungestörtheit der Interwies ermöglichen. Eine gute Tonaufzeichnung ist nötig um die Interviews nachfolgend transkribieren zu können und damit eine lückenlose Dokumentation sicherzustellen zu können. Generell dürfen die Rahmenbedingungen bei Interviews nicht außer Acht gelassen werden. Hierzu zählen nicht nur die Raumauswahl, sondern auch die Herstellung eines angenehmen Gesprächsklimas (Berger-Grabner, 2016, S. 134).

Der Interviewleitfaden beginnt mit der Begrüßung und einer Einleitung. Im Anschluss werden die formalen Fragen bezüglich des Namens, Datum, Uhrzeit usw. und rechtlichen Rahmenbedingungen geklärt. Der Start eins Interviews erfolgt mit der Informationsphase, in der die Studie und deren Zielsetzung dem Befragten näher erläutert werden. Informationen bezüglich des Datenschutzes und der Einverständniserklärung sollten in dieser Phase unterzeichnet werden (Berger-Grabner, 2016, S. 193).

Der Hauptteil des Interviewleitfadens wird mit Fragen eingeleitet, die den Interviewpartner die Möglichkeit bieten über sich zu erzählen, dies lockert die Situation etwas auf. Ausserdem wird mit dieser „Aufwärmphase" Befragten ein einfacher Einstieg ermöglicht. Die überwiegend offenen Fragen werden mit Hilfe der Indikatoren aus den Dimensionen nach Schwaiger abgeleitet. Hierbei ist es wichtig sicherzustellen, dass jede Frage zu einem Indikator der jeweiligen Dimension führt. Die vorab festgelegten

Themenbereiche im Leitfaden stellen sicher, dass diese abgefragt und angesprochen werden und keine Dimension außer Acht gelassen wird (Misoch, 2015, S. 68; Wild, 2016, S. 60).

Die Abschlussphase beginnt, wenn alle Fragen aus dem Themenkomplex bearbeitet wurden. Im Anschluss können evtl. Fragen oder Unklarheiten des Interviewten geklärt werden. Ausserdem kann besprochen werden wie die interviewte Person das Interview empfand und erlebt hat. Der Leitfaden endet mit einer Danksagung und Verabschiedung (Misoch, 2015, S. 71).

1.5 Auswahl der Stakeholder

Stakeholder, auch Anspruchsgruppen genannt, umfassen im betriebswirtschaftlichen Sinne alle internen und externen Personengruppen, die gegenwärtig oder in Zukunft sowohl direkt als auch indirekt von unternehmerischen Tätigkeiten betroffen sind (Gabler Wirtschaftslexikon Anspruchsgruppen). Die Firma Hays AG ist ein internationaler Personaldienstleister mit Schwerpunkt in der Rekrutierung von Fach- und Führungskräften sowohl für den privaten als auch den öffentlichen Sektor. Spezialisten werden sowohl in Projekte als auch in Festanstellung und im Rahmen der Arbeitnehmerüberlassung (Leiharbeit) vermittelt (Hays AG).

Die Hays Professional Solution GmbH ist eine 100% Tochter der Hays AG und vermittelt nur Mitarbeiter im Rahmen der Arbeitnehmerüberlassung (Hays AG). Auf die Stakeholder dieser Tochtergesellschaft soll in dieser Arbeit der Fokus gelegt werden. Als wichtigsten Stakeholder wurden die eigenen Mitarbeiter, die aktuell unter Vertrag stehenden Kandidaten und die aktuellen Vertragspartner (kundenseitig) ermittelt. Es existieren weitere Stakeholder, die im Rahmen der Befragung nicht berücksichtigt werden sollen. Hierzu zählt unter anderem die Muttergesellschaft, als auch Gewerkschaften oder der deutsche Staat, der die Arbeitnehmerüberlassung reguliert. Der Ausschluss dieser Anspruchsgruppen wird damit begründet das sie das tägliche Business nur langfristig beeinflussen.

1.6   Die Fallauswahl

Eine Vollerhebung aller Beschäftigten (interne Mitarbeiter und Mitarbeiter im Einsatz im Rahmen der Arbeitnehmerüberlassung) und aller Kunden wäre in Bezug auf die vorliegende Forschungsfrage zu zeitaufwendig und zu kostenintensiv. Im Gegensatz zur quantitativen Forschung liegt der Fokus der Stichprobenauswahl in der qualitativen Forschung auf der inhaltlichen Repräsentativität. Es geht hauptsächlich darum Fälle auszuwählen, die unter Bezugnahme der Fragestellung bedeutsam und einflussreich sind. Diese Stichprobenziehung wird auch „Sampling" genannt (Baur & Blasius, 2014, S. 265). Die Stichproben können per Zufallsauswahl oder bewusst ausgewählt werden. Die Auswahl sollte möglichst repräsentativ sein, d.h. sie muss eine ähnliche Struktur aufweisen wie die Grundgesamtheit. Durch die gezielte Auswahl der Stichproben wird hierbei von „Fallauswahl" gesprochen (Berger-Grabner, 2016, S. 203).

Die Anzahl der Personenzahl innerhalb der drei ausgewählten Stakeholdergruppen soll gleichmäßig verteilt werden. So sollen je Stakeholdergruppe 15 Personen befragt werden. Bei der Auswahl der jeweiligen Personen ist darauf zu achten das ein möglichst breites Spektrum an Alter, Bildung etc. abgedeckt wird. Ausserdem sollten die Mitarbeiter aus unterschiedlichen Bereichen und Vergütungsgruppen stammen und eine unterschiedlich lange Betriebszugehörigkeit aufweisen.

2 A2 - Gruppendiskussion – Fokusgruppe

2.1 Fokusgruppe – Erläuterung

Die Fokusgruppe zählt zu den qualitativen Erhebungsmethoden in der Forschung. Bei einer Gruppendiskussion bzw. Fokusgruppe diskutiert eine festgelegte Personenzahl über ein vorgegebenes Thema in einer bestimmten Zeitspanne und einer eindeutigen Zielsetzung. Es handelst sich bei dieser Form der Gruppendiskussion um ein moderiertes Diskursverfahren, indem eine Kleingruppe durch einen Input oder Stimuli zur Diskussion eines bestimmten Themas angeregt wird. Dieses Vorgehen hat sich bei der Analyse von Meinungen zu konkreten Stimuli und von spezifischen Zielgruppen bewährt (Schulz, Mack & Renn, 2012, S. 7, 9). Im Gegensatz zu einer offenen Gruppendiskussion übernimmt in einer Fokusgruppe der Moderator eine aktive und teilweise steuernde Rolle, mit einem relativ engen Leitfaden (Averbeck-Lietz & Meyen, 2015, S. 158; Kühn & Koschel, 2018, S.17).

Die Anwendungsmöglichkeiten von Gruppendiskussionen sind vielfältig, gerade im Bereich der Markt- und Meinungsforschung sowie im Bereich der akademischen Forschung hat sich dieses vorgehen etabliert. Das Verfahren der Gruppendiskussion ist grundsätzlich zur Erhebung von Meinungen und Einstellung geeignet (Misoch, 2015, S. 139).

Ein entscheidender Faktor zum Erfolg einer Gruppendiskussion ist der Moderator, der über Erfahrung im Umgang mit Gruppen verfügen muss. Dies bedeutet das der Moderator gruppendynamische Abläufe und Effekte erkennen und verstehen muss. Ausserdem muss er durch seine eigene Haltung eine Diskussion begünstigen. Die Bereitschaft Interesse zu zeigen, keine vorschnellen Urteile zu fällen, jegliche Form von Diskriminierung von Teilnehmern auszuschließen und die Fähigkeit zuhören zu können zählen zu den Grundvoraussetzungen für den Erfolg einer Fokusgruppe (Balzer & Naderer, 2007, S. 290).

Die Auswahl der Teilnehmer ist ein weiterer Faktor zum Erfolg. In der Literatur wird eine Teilnehmerzahl von fünf bis fünfzehn Teilnehmer, abhängig vom Thema und ob die Gruppe homogen oder heterogen gewählt wird, empfohlen. Die Meinung der einzelnen Teilnehmer zum Untersuchungsgegenstand sollten heterogen sein, der

Wissenstand auf das Diskussionsthema bezogen sollte möglichst homogen sein (Berger-Grabner, 2016, S. 143; Hussy et al., 2013, S. 231). Je nach Diskussionsthema werden vier bis acht Diskussionsrunden abgehalten, wobei eine einzelne Diskussion mehrere Stunden umfassen kann (Berger-Grabner, 2016, S. 143).

2.2 Durchführung von Fokusgruppen

Eine Fokusgruppe kann in drei Phasen unterteilt werden: Vorbereitungs-, Durchführungs- und die Auswertungsphase. In der ersten Phase, der Vorbereitungsphase, wird die Fragestellung konkretisiert und die Untersuchungseinheit vorbereitet. Hierzu zählt auch die inhaltlich und organisatorisch Vorbereitung der Diskussion. Es muss festgelegt werden wie die Gruppe zusammengesetzt werden soll und ein Leitfaden erstellt werden. Dieser beinhaltet eine Auflistung von Themen, die in der Diskussion behandelt werden sollen. Die Durchführungsphase beinhaltet die eigentliche Gruppendiskussion. Im Standard wird eine Dauer von ein bis zu drei Stunden angesetzt. Das Führen eines schriftlichen Protokolls und die Tonaufzeichnung unterstützt die Zuordnung von Personen und Aussagen und die Auswertung der Diskussion (Schulz et al., 2012, S. 15.; Misoch, 2015, S. 143, 144).

Zu Beginn der Diskussion werden die Teilnehmer begrüßt und die Gesprächsregeln werden erläutert. Die Diskussion wird durch die Präsentation des Grundreizes (wie z.B. ein Bild oder ein Video) durch den Moderator gestartet. Dieser soll bewusst provozieren und die Teilnehmer motivieren, ihre Meinung verbal zu vertreten. In der folgenden Phase wird in die Diskussion durch den Moderator lediglich steuernd beeinflusst. Um die Diskussion am Leben zu erhalten können weitere Reizargumente (Zeitungsberichte, kurze Filme etc.) durch den Moderator eingebracht werden. Bei der Metadiskussion am Schluss können die Teilnehmer ihre Meinung darüber äußern wie sie die Diskussion empfunden haben und ob sie ihre Meinung auch einbringen konnten (Berger-Grabner, 2016, S. 143, 144).

In der Auswertungsphase werden die Daten analysiert, interpretiert und anschließend die Ergebnisse präsentiert. Es muss hierbei sichergestellt werden, dass gemäß der Zielsetzung von Fokusgruppen nicht die Beiträge des Einzelnen, sondern das

Gesamtmeinungsbild der gesamten Gruppe im Vordergrund stehen (Schulz et al., 2012, S. 16).

2.3 Vorteile der Fokusgruppe gegenüber dem qualitativen Einzelinterview

Die Anwendungsmöglichkeiten von Fokusgruppen sind vielfältig. Die Anpassung an das Forschungsthema zeichnet die Flexibilität dieser Methode aus. Themen können im Gegensatz zu Einzelinterviews mit geringeren Kosten, niedrigerem Zeitaufwand und generell geringeren personellen Ressourcen bearbeitet werden (Berger-Grabner, 2016, S. 143; Raab et al., 2009, S. 44).

Ein weiterer Vorteil ist das eine Fokusgruppe das einzige Verwahren ist, welches gruppendynamische Prozesse, kollektive Einstellungen sowie die Prozesse innerhalb einer Gruppe stattfinden, darstellen kann (Hussy et al., 2013, S. 233). Ausserdem ist das kollektive Wissen der einzelnen Teilnehmer einer Gruppe nicht zu unterschätzen, da dieses die Gruppe leistungsfähiger macht als ein Individuum (Raab et al., 2009, S. 44).

Im Mittelpunkt steht die Kommunikation zwischen den Teilnehmern, was ein künstliches Frage-Antwort Gespräch verhindert. Hierbei entwickeln sich Gespräche weit über die Fragen des Leitfadens hinaus und es findet eine starke Identifikation mit dem Thema statt (Kühn & Koschel, 2018, S. 20, 24). Durch die Gruppenkonstellation verlieren Teilnehmer der Diskussion Ängste und Hemmungen und vertreten ihren Standpunkt klarer und intensiver (Hussy et al., 2013, S. 233). Durch Gruppen können auch Interviewer- und Moderatoreneffekte reduziert werden (Raab et al., 2009, S. 44). Generell können also grundsätzlich positive gruppendynamische Effekte genutzt werden.

2.4 Nachteile der Fokusgruppe gegenüber dem qualitativen Einzelinterview

Es gibt bei der Fokusgruppe gegenüber den Einzelinterviews nicht nur Vorteile. Beim Einsatz von Einzelinterviews ist die Tiefe des Einblicks in Einstellungen und Erfahrungen höher als bei Gruppendiskussionen. Dies liegt am reduzierten Redeanteil der Teilnehmer, und an der persönlichen und biografisch angepassten Fragenstellung, die bei einem Einzelinterview möglich wäre (Schulz et al., 2012, S. 13).

Die Art und Wiese, wie sich gruppendynamische Prozesse auf den Verlauf eines Gespräches auswirken ist noch nicht systematisch erforscht. Daher ist es nach dem aktuellen Wissensstand nicht möglich diese Effekte, die aus der Gruppe entstehen, klar zu trennen. Insbesondere können einzelne Meinungen bei der Auswertung nicht isoliert betrachtet werden. Die „lauten" Teilnehmer werden gehört, stillere haben oftmals weniger Einfluss auf die Diskussion. Meinungsführer können somit in einer Fokusgruppe zu Verzerrungen in der Diskussion führen. Dies erhöht auch Anforderungen an den Moderator, dieser muss gewährleisten, dass jeder einzelne Teilnehmer seine Meinung und Einstellung offen artikulieren kann. Dies bringt auch ethische Herausforderungen mit sich, da Teilnehmer bewusst in eine Situation gebracht werden, in der sie sich offener äußern müssen als in Einzelgesprächen (Hussy et al., 2013, S. 233).

Auch die Auswertung von Fokusgruppen ist zeitaufwendiger und komplexer im vergleich zu Einzelinterviews. Oftmals wird auch die Repräsentativität von Fokusgruppen in Frage gestellt. Insbesondere wenn die Ergebnisse aus einer Fokusgruppe den Ergebnissen aus nachgelagerten quantitativen Umfragen wiedersprechen (Dammer & Szymkowiak, 1998, S. 3.; Raab et al., 2009, S. 44).

3 A3 - Die Qualitative Inhaltsanalyse

3.1 Einführung und Definition

Die Inhaltsanalyse ist eine Methode der empirischen Geistes- und Sozialforschung. Deren Erkenntnissinteresse liegt darin systematisch, formale und inhaltliche deskriptive Merkmale von Mitteilungen unter einer bestimmten Perspektive zu beschreiben und Rückschlüsse von sprachlichem Material auf nichtsprachliche, individuelle und gesellschaftliche Phänomene zu ziehen (Lamnek & Krell, 2016, S. 447; Rössler, 2017, S. 20 - 22). Einer Inhaltsanalyse geht eine Forschungsfrage voraus, deren Ziel es ist Rückschluss aus unter anderem Textlängen, einzelner Sätze oder Hypothesen zu ziehen und zu interpretieren. Zu den Anwendungsgebieten zählt unter anderem die Psychologie (Früh, 2011, S. 40, 41; Lamnek & Krell, 2016, S. 450). Dabei werden Inhalte, einzelne Wörter und Ausdrucksformen auf ihre einzelnen Merkmale untersucht und interpretiert. Ziel ist es Rückschlüsse von greifbaren Gegebenheiten auf Merkmale der sozialen Struktur in der Wirklichkeit zu ziehen (Merten, 1995, S.14).

Kuckartz beschreibt drei Methoden der qualitativen Inhaltsanalyse: Die inhaltlich strukturierte qualitative Inhaltsanalyse, die evaluierte qualitative Inhaltsanalyse und die typenbildende qualitative Inhaltsanalyse (Stehling, 2014, S. 210). Im Folgenden werden zwei verschiedene Herangehensweisen unterschieden. Zum einen die inhaltlich strukturierende qualitative Inhaltsanalyse, die sich mit der Frage nach dem Wie und Warum beschäftigt und bei den Textteilen mit Hilfe psychologischer Theorien interpretiert werden um Zusammenhänge erkennen zu können und zum anderen die evaluativ quantitative Inhaltsanalyse, die sich auf Zahlen, Daten und Fakten konzentriert. Hierbei wird der Text auf Grammatik, Stil und Inhalt untersucht. Dies kann die Einteilung von Inhalten in Kategorien bedeuten, so das erkenntlich wird welche in selbiger wie oft vertreten sind (Kuckartz, 2014, S.14). Nachfolgend werden die Methoden hinsichtlich ihres Ablaufes und ihrer wichtigsten Unterschiede dargestellt.

3.2 Ablauf einer inhaltlich strukturierenden qualitativen Inhaltsanalyse

Der Ablauf der inhaltlich strukturierenden qualitativen Inhaltsanalyse ist in sieben Phasen geteilt. Im ersten Schritt findet eine initiierende Textarbeit statt in der Fallzusammenfassungen erstellt werden. Am Anfang dieser Phase stehen das sorgfältige Lesen des Textes und die Auseinandersetzung mit den Inhalten. Dabei werden die Texte formal analysiert nach Kriterien wie Textlänge, Wortwahl, Sprache, Länge der Sätze oder Verwendung von Metaphern. Die Systematische Bearbeitung des Textes erfolgt mit verschiedenen Techniken wie mit der Kennzeichnung wichtiger Textabschnitte oder unklarer Passagen, sowie dem setzten von Randnotizen. Dies kann in der heutigen Zeit sowohl mit gedruckten Dokumenten als auch in digitaler Form erfolgen (Kuckartz, 2016, S. 55 - 58). Der Abschluss des ersten Schrittes ist das Zusammenstellen einer schriftlichen Fallzusammenfassung (Kuckartz, 2016, S. 101). Diese Zusammenfassung ist eine Hilfestellung bei der Hypothesen- und Kategorienbildung und fördert den Blick auf Unterschiede. Im Wesentlichen geht es um eine kompakte und faktenorientierte Kürzung des Textes (Kuckartz, 2016, S. 58-62).

Abbildung 1: Ablauf einer inhaltlich strukturierenden qualitativen Inhaltsanalyse nach Kuckartz (Quelle: Kuckartz, 2016, S. 100)

In der zweiten Phase werden thematische Haupt- und Subkategorien entwickelt, die sich überwiegend aus den Forschungsfragen ableiten (Kuckartz, 2016, S. 101). Die Kategorienbildung hängt stark von der Forschungsfrage, der Zielsetzung der Forschung und dem jeweiligen Vorwissen des Forschers ab. Ziel der Kategorienbildung ist es, die vorhandenen Daten in Kategorien und Subkategorien einzuordnen um eine inhaltliche Strukturierung der Daten zu ermöglichen. In dieser Phase wir ein Testdurchlauf mit 10 - 25% des gesamten Auswertungsmaterials empfohlen. Dessen Ziel ist eine Sicherstellung, dass die definierten Themen und Subthemen auf das gesammelte Datenmaterial anwendbar sind. Verzichtet werden kann auf diesen Schritt, wenn die Kategorien empirisch direkt am Material entwickelt wurden (Kuckartz, 2016, S. 101, 102).

Die dritte Phase umfasst die Codierung des gesamten bisher vorhandenen Materials durch Zuweisung von Hauptkategorien. Der Codierungsprozess wird so gestaltet, dass die einzelnen Textabschnitte verschiedenen thematische Kategorien zugewiesen werden. Bei dieser Zuordnung wird entschieden, welche der thematischen Kategorein in den betreffenden Abschnitten angesprochen werden. In dem Fall das ein Textabschnitt mehrere Themen enthält, so ist es möglich, dass er für mehrere Kategorien in Frage kommt. Es ist ebenfalls möglich das nicht relevante Textstellen oder Passagen uncodiert bleiben. Im Anschluss erfolgt die vierte Phase in der gleichen Hauptkategorien zusammengefast werden um im Anschluss Subkategorien zu den bisherigen Kategorien bilden zu können (Kuckartz, 2016, S. 102 – 104). In der fünften Phase werden, die noch relativ allgemein gehaltenen Hauptkategorien in Subkategorien ausdifferenziert, dies erfolgt über eine induktive Vorgehensweise. Diese Kategorien werden zunächst in einer Liste oder Tabelle zusammengestellt und geordnet. Im Anschluss werden anhand dieser Übersicht neue Subkategorien mit dazugehörigen Definitionen erstellt und Beispielen zugeordnet (Kuckartz, 2016, S. 106).

Der zweite Codierprozess in der sechsten Phase stellt den umfangreichsten Arbeitsschritt der Inhaltsanalyse dar. Den einzelnen Hauptkategorien werden passende Unterkategorien zugeordnet. Die Anzahl der Unterkategorien ist je nach Forschungsumgang ggf. pragmatisch anzupassen. Bei diesem Prozess wird das gesamte Material noch einmal durchgearbeitet. Es ist dabei darauf zu achten das ausreichend Material herangezogen wird, denn wenn Subkategorien auf der Basis von zu wenig Material gebildet wird, ist eine Präzisierung und Erweiterung nach Abschluss der Phase meist unumgänglich. Auch sollte eine zu starke Unterteilung vermieden werden. In der letzten Phase einer Inhaltsanalyse erfolgt eine kategorienbasierte Auswertung und die anschließende Ergebnisdarstellung (Kuckartz, 2016, S. 110, 111).

3.3 Ablauf einer evaluativ qualitativen Inhaltsanalyse

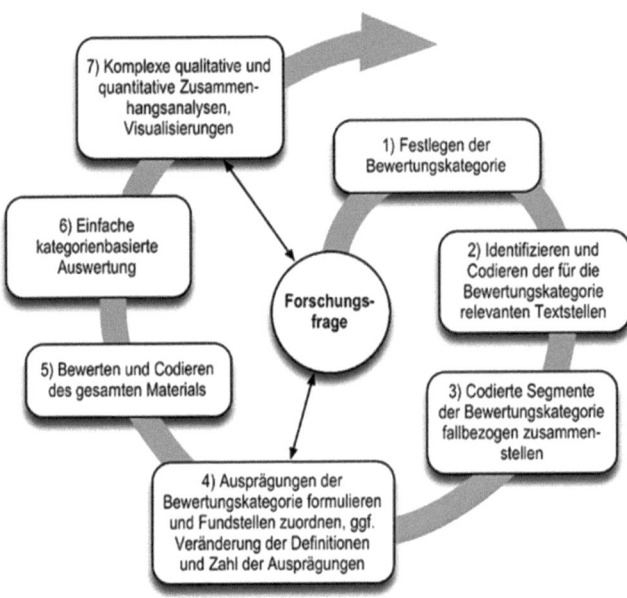

Abbildung 2: Ablauf einer evaluativen qualitativen Inhaltsanalyse nach Kuckartz
(Quelle: Kuckartz, 2016, S. 125)

Die evaluative qualitative Inhaltsanalyse beinhaltet von der initiierenden Textarbeit über die Codierung bis hin zur Ergebnisdarstellung die gleichen Hauptphasen wie die inhaltliche strukturierende qualitative Inhaltsanalyse. Der Unterschied ist in der Art der Kategorienbildung zu finden und damit auch in der Phase von der Codierung bis zur Ergebnisdarstellung. Die Phasen zwei bis fünf müssen für jede einzelne Bewertungskategorie durchlaufen werden (Kuckartz, 2016, S. 124, 125).

Die Bewertungskategorien werden in der ersten Phase festgelegt und sollten einen stringenten Zusammenhang zur Forschungsfrage aufweisen. Hierbei ist es wichtig das nur solche Kategorien ausgewählt werden, die für die Forschungsfrage eine Bedeutung besitzen und mit anderen Kategorien im Projektverlauf in Zusammenhang gebracht werden können. Der Hintergrund dessen ist das sich einige zu bewertenden Kategorien erst im Auswertungsprozess ergeben (Kuckartz, 2016, S. 126).

Die zweite Phase beinhaltet die Durcharbeitung des gesamten Materials. Hierbei ist darauf zu achten, dass jede Textstelle codiert wird welche Informationen zur fokussierten Kategorie enthält. Die kategorienbasierte Auswertung erfolgt im Anschluss in der dritten Phase, dabei werden alle codierten Bereiche fallbezogen zusammengestellt. Diese Zusammenstellung erfolgt in einer Tabelle oder Liste und bildet die Grundlage für die analytische Hauptarbeit in den folgenden Phasen (Kuckartz, 2016, S. 127)

In der vierten Phase erfolgt die Formulierung der Ausprägung der Bewertungskategorien. Es muss eine ausreichende Anzahl an Textstellen gelesen werden um die Ausprägung vornehmen zu können. Im Anschluss wird definiert, wie differenziert die Unterscheidungen erfolgen sollen. Dabei muss als Minimum zwischen drei Ausprägungen unterschieden werden: Geringe Ausprägung, hohe Ausprägung und nicht zu klassifizieren. Die nicht klassifizierte Ausprägung beinhaltet Daten bei der die Zuordnung mit den vorhandenen Informationen nicht zuverlässig möglich ist (Kuckartz, 2016, S. 127).

Im Anschluss erfolgten eine endgültige Bewertung und Codierung des gesamten Materials. Dokumentiert werden die getroffenen Entscheidungen mit Hilfe von Memos, dies ermöglicht eine Nachvollziehbarkeit im Nachgang. Die Auswertung der Kategorien erfolgt in der sechsten und siebten Phase. In der sechsten Phase findet eine Auswertung in deskriptiver Form statt. Die Beschreibung bezieht sich dabei nicht nur auf die qualitativen, sondern auch auf die quantitativen Aspekte. Bei der evaluativen qualitativen Inhaltsanalyse werden sieben verschiedene Auswertungsformen, die sich in Bezug auf das Ausmaß der Komplexität differenzieren. In Phase sieben werden die Auswertungen immer komplexer. Es werden die verschiedenen evaluative Kategorien untereinander in Zusammenhang gebracht und so tiefergehende Einzelfallinterpretationen vorgenommen (*Kuckartz,* 2016, S. 134 – 139).

3.4 Gegenüberstellung beider Analysemethoden

Es gibt einige wichtige Unterschiede zwischen den beiden Verfahren, diese sollen nachfolgend herausgearbeitet werden. Die evaluative qualitative Inhaltsanalyse verfolgt einen hermeneutisch-imperativen Ansatz. Das bedeutet diese Vorgehensweise ist mehr ganzheitlich orientiert. Bewertungen werden auf der Ebene des gesamten Falls vorgenommen und nicht auf Grundlage einzelner Textstellen. Des Weiteren stellen die Klassifizierungen und Bewertungen höhere Anforderungen an die Codierenden. Auf dieser Grundlage wird bei der evaluativen qualitativen Inhaltsanalyse empfohlen mit (mindestens) zwei Codierenden zu arbeiten (Kuckartz, 2016, S. 140, 141).

In der Kategorienentwicklung lässt sich ein weiterer wichtiger Unterschied der beiden Analysemethoden verdeutlichen. Bei der inhaltlich strukturierenden qualitativen Inhaltsanalyse werden häufiger Oberkategorien auf der Grundlage von Vorwissen und Unterkategorien induktiv aus dem Material generiert. Im Gegenzug ergeben sich bei der evaluativen qualitativen Inhaltsanalyse die Oberkategorien aus dem Material. Bei der Bildung von Unterkategorien wird häufiger auf Vorwissen zugrückgegriffen. Geeignet ist die inhaltlich strukturierende qualitative Inhaltsanalyse besonders, wenn primär auf Beschreibungen hingearbeitet werden soll. Die evaluative qualitative Inhaltsanalyse hingegen eignet sich besonders, wenn themenorientiert gearbeitet werden soll (Kuckartz, 2016, S. 141).

Der Fokus der evaluativen qualitativen Inhaltsanalyse liegt auf der Einschätzung, Klassifizierung und Bewertung durch den Forschenden. Bei der inhaltlich strukturierenden qualitativen Inhaltsanalyse steht die Systematisierung und Analyse der wechselseitigen Relationen im Vordergrund. Eine stärkere Konzentration auf die Entwicklung von Unterkategorien und Ausprägungen mit Hilfe des Textmaterials wird bei der inhaltlich strukturierenden qualitativen Inhaltsanalyse vorgenommen (Kuckartz, 2016, S. 142).

Anlage: Interviewleitfaden zur Ermittlung der Unternehmensreputation der H. P. S. GmbH

1. Begrüßung und Einleitung

Sehr geehrte/r Herr/Frau ___, vielen herzlichen Dank für ihre Zeit. Bevor wir mit dem Interview beginnen möchte ich mich ihnen kurz vorstellen und erläutern worum es bei der Studie geht. Mein Name ist XX und ich führe diese Studie zum Thema „Unternehmensreputation" im Rahmen meines berufsbegleitenden Studiums durch. Mithilfe dieses und weiterer Interviews möchte ich die Unternehmensreputation der Hays Professional Solution GmbH auswerten. Dafür benötige ich Ihre Meinungen und Erfahrungen.

In meine Studie sollen sowohl die Meinungen und Erfahrungen von Kunden, Mitarbeitern und Mitarbeitern in der Arbeitnehmerüberlassung mit einfließen. Mit den erfassten Wahrnehmungen der Interviewteilnehmer und deren Auswertung soll der H. P. S. GmbH zukünftig ermöglicht werden zielgruppengerechter Arbeiten zu können um die Unternehmensreputation zukünftig aufrechtzuerhalten und ggf. zu verbessern.

Dieses Interview wird ca. 60 – 90 Minuten ihrer Zeit in Anspruch nehmen. Ich möchte, ihr Einverständnis vorausgesetzt, dieses Interview aufzeichnen, um im Nachgang eine bessere Auswertung ihrer Antworten zu ermöglichen und um ihre Antworten nicht zu verfälschen. Selbstverständlich werden ihre Daten absolut vertraulich und anonym behandelt.

Während des Interviews werde ich ihnen verschiede offene Fragen stellen und möchte sie bitten alles darzulegen was sie diesbezüglich für relevant und wichtig erachten. Wie bereits erwähnt werden Ihre Antworten vertraulich behandelt.

Zu Beginn werden wir ein paar formale Daten aufnehmen und ich würde Sie bitten die Einverständniserklärung zu unterzeichne. Gibt es aktuell von ihrer Seite aus Fragen oder Unklarheiten?

2. Kontaktprotokoll

Name, Vorname: _____

Geschlecht: _____

Geburtsdatum: _____

Datum des Interviews: _____

Beginn / Ende: _____

Ort: _____

Interviewer: _____

3. Interviewfragen

Einführende Fragen:

Wie lange kennen sie bereits die H. P. S. GmbH? *Als Mitarbeiter, Kunde, Kandidat?*

In welchem Verhältnis stehen sie zu diesem Unternehmen?

Sind Sie berufstätig? Wenn Ja, welchen Beruf üben sie aus?

Fragen zur Dimension der Verantwortung

a) Wie sehen sie den Umgang der H. P. S. GmbH mit ihren Mitarbeitern? *Welche persönlichen Erfahrungen haben sie gesammelt?*

b) In welcher Form nimmt, ihrer Meinung nach, die H. P. S. GmbH ihre gesellschaftliche Verantwortung war? *Wie könnte das Engagement verbessert werden?*

c) Durch welches Verhalten stellt sich die H. P. S. GmbH profitorientiert / nicht profitorientiert dar?

d) Könnte die H. P. S. GmbH ihrer Meinung nach mehr dafür tun Arbeitslose wieder in eine Beschäftigung zu vermitteln. *Haben sie konkrete Vorstellung dazu?*

Fragen in der Dimension der Attraktivität

a) Wie würden sie die Qualifikation der Mitarbeiter der H. P. S. GmbH einschätzen? *Sind die Mitarbeiter aus ihrer Sicht qualifiziert?*

b) Welche Meinung haben sie zur Unternehmenskultur und dem Umgang mit Mitarbeitern der H. P. S. GmbH? *Was macht eine gute Unternehmenskultur für sie aus?*

c) Wie würden sie das Erscheinungsbild der H. P. S. GmbH bewerten? *Können sie sich mit dem Erscheinungsbild der H. P. S. GmbH identifizieren?*

Fragen in der Dimension der Qualität

a) Welche Erfahrungen haben sie mit den Dienstleistungen der H. P. S. GmbH gemacht? *Welche Dienstleistungen der H. P. S. GmbH sind ihnen bekannt bzw. haben sie in Anspruch genommen?*

b) Warum sehen sie in der H. P. S. GmbH einen zuverlässigen Dienstleister / Arbeitgeber, bzw. warum nicht?

c) Welche Absprachen, die mit ihnen getroffen wurden, sind in der Vergangenheit eingehalten worden? *Welche nicht?*

Fragen in der Dimension Performance

a) Wie würden sie die Unternehmensstrategie der H. P. S. GmbH beschreiben? *Welche Visionen sehen sie in den nächsten Jahren für das Unternehmen?*

b) Wie schätzen sie die wirtschaftliche Stabilität der H. P. S. GmbH ein?

c) Welches Wachstumspotential sehen sie für die H. P. S. GmbH auf dem aktuellen Markt für das nächste Jahr?

4. Schluss

Damit sind wir am Ende des Interviews angelangt. Gibt es von ihrer Seite aus nennenswerte Punkte, die sie anbringen möchten?

Gibt es ihrerseits noch Fragen oder Unklarheiten? Wenn sie möchten können sie das Ergebnis dieser Untersuchung nach deren Abschluss gerne in schriftlicher Form erhalten.

Ich bedanke mich für ihre Zeit und das offene Gespräch. Sollten im Nachgang noch Fragen aufkommen, zögern sie nicht sich per E-Mail bei mir zu melden (Überreichung einer Visitenkarte).

Literaturverzeichnis

Averbeck-Lietz, S.; Meyen, M. (Hrsg.) (2015). *Handbuch nicht standardisierte Methoden in der Kommunikationswissenschaft.* Wiesbaden: Springer Ver-lag.

Naderer, G.; Balzer, E. (Hrsg.) (2007). *Qualitative Marktforschung in Theorie und Praxis. Grundlagen, Methoden und Anwendungen.* Wiesbaden: Gabler Verlag.

Baur, N.; Blasius, J. (2014). *Handbuch Methoden der empirischen Sozialforschung.* Wiesbaden: Springer Verlag.

Berger-Grabner, D. (2016). *Wissenschaftliches Arbeiten in den Wirtschafts- und Sozialwissenschaften. Hilfreiche Tipps und praktische Beispiele.* 3. Aufl., Wiesbaden: Springer Verlag.

Bortz, J.; Döring, N. (2006). *Forschungsmethoden und Evaluation für Human und Sozialwissenschaftler.* 4. Aufl., Heidelberg: Springer Verlag.

Dammer, I., Szymkowiak, F. (1998). *Die Gruppendiskussion in der Marktforschung. Grundlagen - Moderation – Auswertung. Ein Praxisleitfaden.* Wiesbaden: Springer Verlag.

Eberl, M. (2006). *Unternehmensreputation und Kaufverhalten.* Wiesbaden: Deutscher Universitätsverlag.

Früh W. (2011). *Inhaltsanalyse: Theorie und Praxis.* 7 Aufl., München: UVK Verlagsgesellschaft.

Gabler Wirtschaftslexikon (n.a.). *Anspruchsgruppen.* Abgerufen am 12.11.2019. Verfügbar unter: https://wirtschaftslexikon.gabler.de/definition/anspruchsgruppen-27010

Gläser, J., Laudel, G. (2010). *Experteninterviews und qualitative Inhaltsanalyse als Instrumente rekonstruierender Untersuchungen.* 4. Aufl., Wiesbaden: VS Verlag.

Gotsi, M.; Wilson, A. M. (2001). *Corporate Reputation: Seeking a definition,* in: Corporate Communications, 6. Jg., Nr.1, S. 24-30

Hays AG (n.a.). Abgerufen am 15.11.2019. Verfügbar unter: https://www.hays.de/personaldienstleistung-aktuell/presse-zahlen-fakten

Häder, M. (2015). *Empirische Sozialforschung: Eine Einführung.* 3. Aufl., Wiesbaden: Springer Verlag.

Hohberger, S., Damlachi, H. (2017). *Performancesteigerung im Unternehmen. Innovative Tools und Techniken,* Wiesbaden: Springer Verlag.

Hussy, W., Schreier, M., Echterhoff, G. (2013). *Forschungsmethoden in Psychologie und Sozialwissenschaften für Bachelor* (2. Aufl.). Berlin, Heidelberg: Springer Verlag.

Kallus, W. K. (2016). *Erstellung von Fragebögen.* 2. Aufl., Wien: utb.

Kühn, T./Koschel, K.-V. (2018). Gruppendiskussionen. Ein Praxis-Handbuch. 2. Aufl., Wiesbaden: Springer Verlag.

Krüger, D., Parchmann, I. & Schecker, H. (Herg.) (2014). *Methoden in der naturwissenschaftsdidaktischen Forschung.* Berlin, Heidelberg: Springer Verlag.

Kuckartz U. (2016). Qualitative Inhaltsanalyse. Methoden, Praxis, Computerunterstützung. 3 Aufl., Weinheim: Beltz Verlag.

Kromrey H., Roose J. & Strübing J. (2016). *Empirische Sozialforschung: Mo- delle und Methoden der standardisierten Datenerhebung und Datenauswer-tung.* 13. Aufl., München: UVK Verlagsgesellschaft mbH.

Lamnek, S. & Krell C. (2016). *Qualitative Sozialforschung.* 6. Aufl., Weinheim: Beltz Verlag.

Lehmann, G. (2004). *Das Interview. Erheben von Fakten und Meinungen im Unternehmen.* 2. Aufl., Renningen: expert Verlag.

Raab, A. E., Poost, A., Eichhorn, S. (2009). *Marketingforschung. Ein praxis- orientierter Leitfaden.* Stuttgart: Kohlhammer.

Rössler, P. (2017), *Inhaltsanalyse.* 3. Aufl., Konstanz, München: utb.

Stehling, M. (2014). Die *Aneignung von Fernsehformaten im transkulturellen Vergleich: Eine Studie am Beispiel des Topmodel-Formats.* Wiesbaden: Springer Verlag.

Schnell, R., Hill, P.B., Esser, E. (2014). *Methoden der empirischen Sozialforschung* (10. Aufl.). München: De Gruyter Oldenbourg.

Schwaiger, M. (2006) *Die Wirkung des Kultursponsoring auf die Unternehmens- reputation der Sponsoren.* Abgerufen am 10.11.2019. Verfügbar unter https://www.imm.bwl.uni-muenchen.de/forschung/schriftenimm/ap_imm_01.pdf

Schwaiger, M. (2004) Components and Parameters of Corporate Reputation – An Empirical Study, In: Schmalenbach Business Review. Vol 56. Nr. 1, S. 46 – 71.

Schulz, M., Mack, B. & Renn, O. (Hrsg.) (2012). *Fokusgruppen in der empiri- schen Sozialwissenschaft. Von der Konzeption bis zur Auswertung.* Wiesbaden: Springer Verlag.

Mayer H. O. (2013). *Interview und schriftliche Befragung: Grundlagen und Methoden empirischer Sozialforschung* (6. Aufl.). München: Oldenbourg Wissenschaftsverlag GmbH.

Merten, K. (1995). *Inhaltsanalyse. Einführung in Theorie, Methode und Praxis*, 2. Auflage Wiesbaden: Springer Verlag.

Misoch, S. (2015). *Qualitative Interviews*. 2 Aufl., Berlin, München, Boston: De Gruyter Oldenbourg.

Walter, B. L. (2010). *Verantwortliche Unternehmensführung überzeugend kommunizieren*, 1. Auflage. Wiesbaden: Gabler Verlag.

Wild, A. (2016). Das strategische Kompetenzmanagement als ein wesentlicher Bestandteil der Employability. Dargestellt am Beispiel eines ICT-Dienstleisters. Mering: Hampp.